PUZZLES

HANGMAN: To play Hangman, one player picks a word corresponding with the series of dashes representing each letter in the word. The other player guesses letters one at a time; correct guesses are filled in the appropriate blanks, while incorrect guesses result in parts of a stick figure being drawn. The game continues until the word is fully guessed or the stick figure is completely drawn, indicating the guesser has lost.

WORD SEARCH: To play a word search puzzle, find and circle the listed words hidden in a grid of letters. Words can be placed horizontally, vertically, diagonally, and can be read forwards or backwards. Continue searching until all the listed words are found and circled within the grid

WORDSCRAMBLE: To play a word scramble puzzle, start by rearranging the given set of jumbled letters to form a valid word. Use the context of any provided clues to help determine the correct word. Continue unscrambling each set of letters until all words in the puzzle are correctly formed.

MISSING VOWEL: To play a missing vowel puzzle, start by filling in the blanks in the provided words or phrases with the correct vowels (A, E, I, O, U). Use the context of the incomplete words and any given clues to determine the correct vowels. Continue until all blanks are filled, ensuring each word or phrase is complete and correctly spelled.

CROSSWORD: To play a crossword puzzle, fill in the grid using the clues provided for both across and down words, ensuring each word fits correctly in the designated spaces. Intersecting words must share the same letter where they cross. Continue until all clues are answered and the grid is completely filled with correct words.

CONTENTS

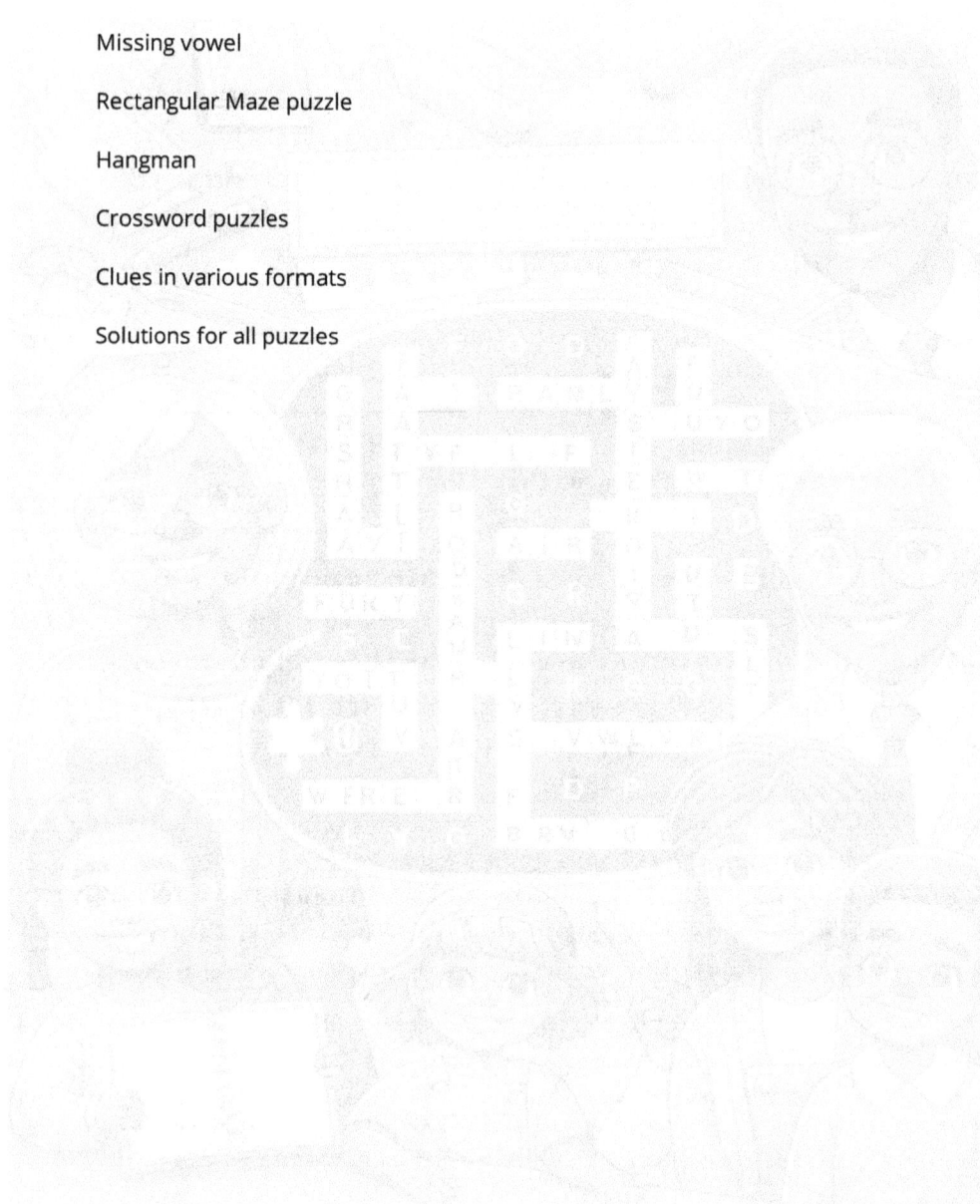

PUZZLE ONE

```
M  I  M  U  C  H  E  C  H  E  S  L  T
F  V  L  Y  B  W  F  E  L  Z  D  I  Y
R  I  B  O  B  M  V  X  V  E  M  O  D
Z  D  I  X  M  M  H  K  W  S  U  E  I
F  C  U  N  U  U  I  U  C  I  S  F  D
O  V  A  C  R  K  D  Y  R  A  I  I  C
C  M  I  R  U  O  S  Z  W  I  K  V  C
Z  Z  W  Z  M  M  U  M  I  E  A  A  S
V  A  N  A  E  A  P  S  R  M  N  T  M
V  G  L  P  N  N  T  E  O  X  A  W  Q
E  Z  D  G  U  A  B  G  G  Z  U  I  W
Z  G  S  Y  S  U  H  X  S  K  O  A  Q
W  S  G  W  M  A  P  A  T  Y  A  Q  E
```

VANA　　　　　　　　MHURI　　　　　　　　MWANA
MURUME　　　　　　MAPATYA　　　　　　MUDZIMAI
MUKOMANA　　　　MUSIKANA　　　　　MUCHECHE
MUBEREKI

Vana - Children
Mhuri - Family
Mwana - Child
Murume - Man
Mapatya - Twins
Mudzimai - Woman
Mukomana - Boy
Musikana - Girl
mucheche - Baby
Mubereki - Parent

LINGUISTIC QUEST

PUZZLE TWO

G _ G _   S _ K _ R _

B _ B _   _ M _ _

M _ K _ M _   S _ S _

MW _ N _   M _ K _ M _ N _

M _ S _ K _ N _   H _ NVZ _ DZ _

M _ Z _ S _   MH _ N _

G _ MB _   NZ _ V _

CH _ G _ NW _   M _ BV _ _

D _ MB _   M _ Z _ N _

B _ ND _ K _ T _   R _ R _ M _

MV _ R _   Z _ V _

CH _ K _ R _   M _ T _ _

H _ S _ K _   M _ R _ W _

ND _ G _   R _ D _

MH _ P _   SH _ MW _ R _

MW _ DZ _   M _ R _ V _

CH _ B _ G _   P _ NZ _ R _

S _ NG _ N _   M _ DZ _ DZ _

M _ DZ _ DZ _ S _   M _ T _

M _ ND _   K _ T _ _ R _

MISSING VOWEL

A, E, I, O, U

PUZZLE THREE

```
O H D I S J X H D H D W Y O
N A N O N J L V I W K I Z F
Y N L A N R S B A U C D E E
E Z Z M M G N O F M B X F L
P V I U U C Q Y I L W P T Z
Y A D G K N I G X D T E T E
T D X Q O I I S Y Z H W N T
Z Z I N M G M N E X Z I L E
P I A W A E O S I K S I N Z
Q S D Q E K V K W N U J N V
T X X B Q L B M G A A R Z A
P M V P C B S M U F K K U R
I H K M U K W A S H A V S A
V A F O S K N R D G J J G Q
```

TETE   GOGO   TSANO
MUKOMA   SEKURU   TEZVARA
VAMWENE   MUNININA   MUKWASHA
HANZVADZI

Tete - Paternal Aunt
Gogo - Grand mother
Tsano - Brother in law
Mukoma - Senior (older sibling of same gender)
Sekuru - Grandfather
Tezvara - Father in law
Vamwene - Mother in law
Munin'ina - younger sibling of the same gender
Mukwasha - son in law
Hanzvadzi - sibling of opposite gender

PUZZLE FOUR

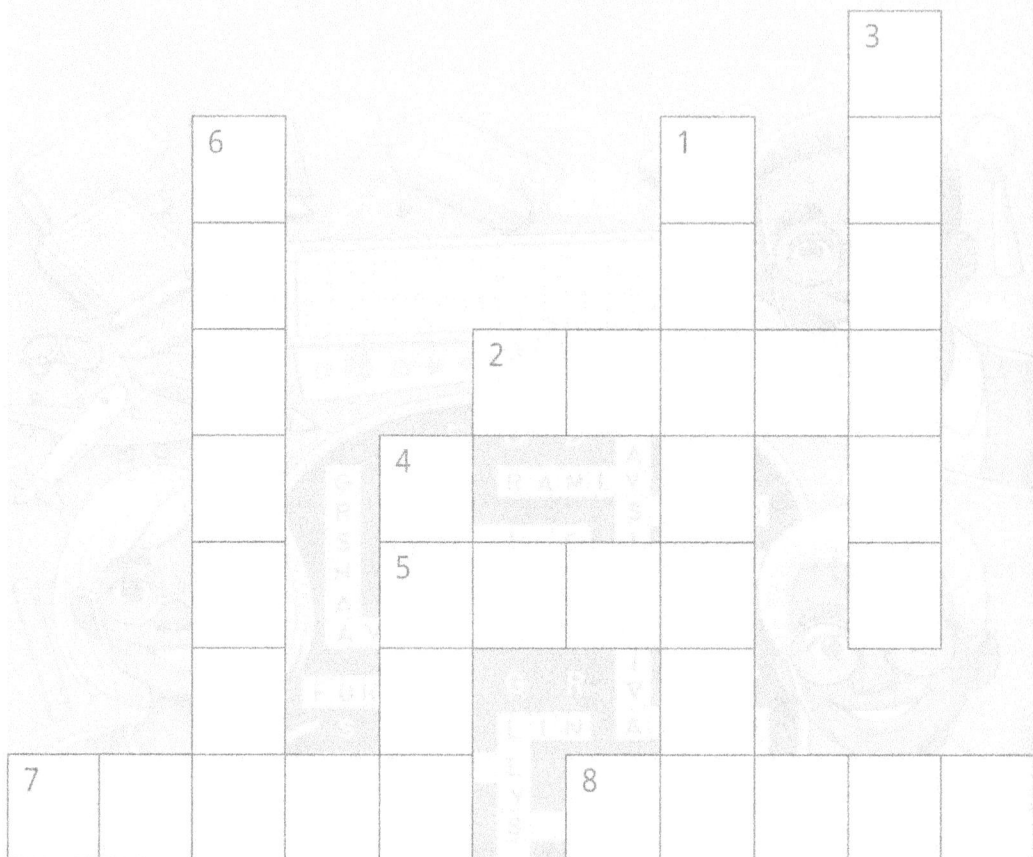

Hint- Clues could be in other puzzles and pages in the book.

Across
2. YOU USE THIS TO CUT FOOD
5. A PLACE WHERE YOU LIVE
7. YOU PUT YOUR FOOD ON THIS
8. YOU WEAR THESE

Down
1. A DEVICE THAT YOU USE TO TALK TO PEOPLE FROM DISTANCE
3. SEE-THROUGH MATERIAL THAT IS USED TO MAKE THINGS LIKE WINDOWS AND CUPS
4. YOU USE THIS TO WASH YOUR HANDS
6. WHERE YOU COOK FOOD

LINGUISTIC QUEST

PUZZLE FIVE

```
K X Q Z M L C B T J I C Y K I
N K N Y D R U P B K S U Z N Y
Q K C M U K U N D A R E Z U K
K B Z M D I J V M U U Y J F V
R N S I S I J A G U K R X F U
P O J L D O H I R B L J M R O
J H B Z I R A U T H O H I F I
D D F O Z M K U W U A O D N O
Y S A D D U A C T D E R V V Z
F K I D M Z Q I P H I Y B W N
V F O A P U X P N I W Z U W Z
T E B X E K G S O I C C W H H
B A B A M U D I K I N S P C H
B J Z D D R G Y W E J I Q Y G
R H G G M U R O O R A O J W Q
```

HAMA   SISI   BHUDHI
MAININI   MAIGURU   MUROORA
MUKUNDA   MUZUKURU   BABAMUDIKI
BABAMUKURU

Hama - Relative
Sisi - sister
Bhudhi - Brother
Mainini - Aunt (younger than your mother)
Maiguru - Aunt (older than your mother)
Muroora - Daughter in law
Mukunda - A Daughter
Muzukuru - Child in the second degree of descent
Babamudiki - Uncle (younger than your father)
Babamukuru (older than your father)

CLUES

MURUME - MAN

MUKADZI - WOMAN

MUKOMANA - BOY

MUSIKANA - GIRL

MHURI - FAMILY

BABA - FATHER

AMAI - MOTHER

SEKURU - GRANDFATHER

GOGO/AMBUYA - GRANDMOTHER

TETE - AUNT ON FATHER SIDE

MAIGURU - AUNT (OLDER THAN PARENT)

MAININI - AUNT (YOUNGER THAN PARENT)

BABAMUKURU -UNCLE (OLDER THAN PARENT)

BABAMUDIKI - UNCLE (YOUNGER THAN PARENT)

PUZZLE SIX

```
S  X  C  X  I  R  D  T  Y  N  W  I  R
K  G  H  H  W  V  V  Z  T  M  Z  M  G
P  K  I  Q  R  H  D  G  M  I  S  B  F
F  Q  T  A  Y  D  W  M  U  S  H  A  D
Y  Z  O  D  C  H  I  M  B  U  Z  I  M
F  V  F  W  H  W  Z  G  H  F  N  E  G
B  R  U  C  K  I  U  E  E  R  R  S  V
T  F  T  Z  F  N  V  S  D  A  E  G  W
C  Z  D  V  I  D  P  A  H  O  I  W  L
O  E  K  C  N  O  B  N  A  Z  S  Q  Y
G  T  Z  F  F  M  U  K  O  V  A  G  S
K  P  D  X  U  R  Z  H  E  I  A  I  A
O  N  E  K  W  D  L  Z  Z  C  H  K  S
```

IMBA	HOZI	MUSHA
KUMBA	MUKOVA	HWINDO
RUNHARE	CHITOFU	CHIMBUZI
MUBHEDHA		

Imba - House
Hozi - Bedroom
Musha - Homestead
Kumba - Home
Mukova - The door
Hwindo - Window
Runhare - Telephone
Chitofu - Stove
Chimbuzi - Toilet
Mubhedha - Bed

LINGUISTIC QUEST

CLUES

ZIMBABWE
Provinces and Capitals
with Major Cities

CITIES & TOWNS

HARARE	ZVISHAVANE
BULAWAYO	NORTON
MUTARE	RUSAPE
GWERU	CHIPINGE
KWEKWE	SHURUGWI
KADOMA	NYANGA
MASVINGO	PLUMTREE
CHINHOYI	LUPANE
MARONDERA	GOKWE
BINDURA	BINGA
BEITBRIDGE	CHIVHI
VICTORIA FALLS	MBERENGWA
HWANGE	SHAMVA
KARIBA	CHIREDZI
CHEGUTU	MASVINGO
GWANDA	KARIBA

PUZZLE SEVEN

```
G U R X R Y Y G J H W L F O O P Y
Y W H B T Q I V A T E Y J J W O Q
A H H Z O G L Q T F F J S V W T T
Y D K G U K J G S H T A L F W A G
U U F D U L Z J W E Z A U J J G Y
Z C J H S C E R A M A M Z W X W K
G M E V L M I C N B U S O Q P M V
I U B Q M H S D D E B X X E W P A
K G L K C H I R A N G A Z U V A C
Y O T I W H H U K P I E N O M K B
S M M K J O I X C I B S R G K C O
B O B U J L A P J M C I B E A G M
K O I Z D J Y N U W D H X C P S Z
J Z C P L F U G I N M Y E C N S O
O H L S L U D E Q F U K R N N S M
T H F Z Q H F U Z O I S L J I F P
P Y B O N B Y R Z Z S H T D T M W
```

NDIRO   BANGA   HEMBE
MUGOMO   CHIPUNU   KOMICHI
TSWANDA   KICHENI   GUMBEZE
CHIRANGAZUVA

Ndiro - Plate
Banga - Knife
Hembe - Clothes
Mugomo - container
Chipunu - Spoon
Komichi - Cup
Tswanda - basket
Kicheni - Kitchen
Gumbeze - Blanket
Chirangazuva - clock

LINGUISTIC
QUEST

PUZZLE EIGHT

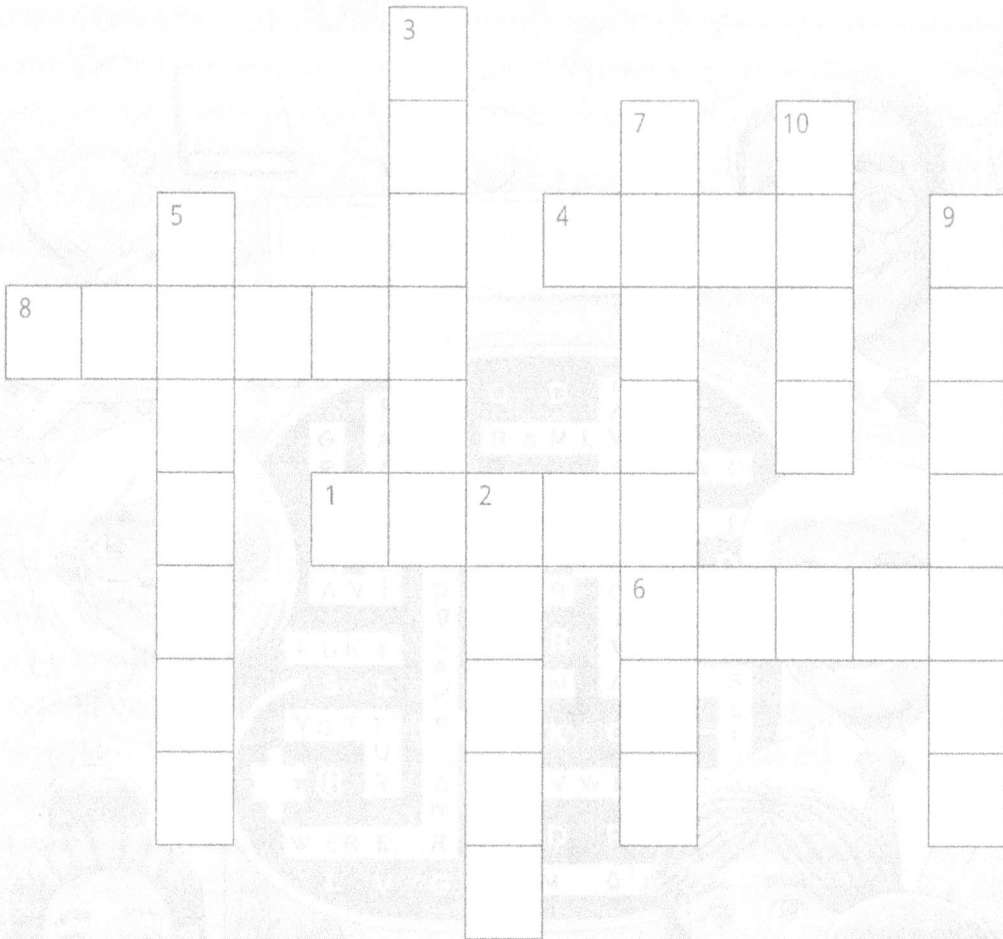

Hint: Think of a rural setting in Zimbabwe

Across

1. AN ANIMAL THAT GIVES US MILK
4. A TRADITIONAL TOOL USED TO GRIND GRAIN
6. AN ENCLOSURE FOR KEEPING LIVESTOCK
8. A UTENSIL USED TO STIR FOOD WHILE COOKING

Down

2. A PLACE WHERE CROPS ARE GROWN
3. PLANTS WE EAT AS VEGETABLES
5. AN ANIMAL THAT PROVIDES PORK
7. A PIECE OF FURNITURE FOR SLEEPING
9. A PIECE OF FURNITURE USED FOR SITTING
10. A CONTAINER USED FOR COOKING FOOD

PUZZLE NINE

```
N  C  C  C  W  N  P  O  M  B  I  C
G  T  H  H  T  G  O  E  Q  B  T  B
Q  E  X  I  A  U  M  A  O  T  O  W
B  U  Z  K  G  V  Q  J  B  O  U  L
K  I  Y  A  U  A  Y  A  R  T  K  X
D  S  K  F  Z  A  R  U  R  A  K  H
Z  H  V  U  D  U  A  O  Y  U  O  N
G  W  B  Y  F  T  P  A  S  B  U  K
I  N  M  A  P  I  E  F  A  M  X  S
V  A  T  P  S  S  A  Y  I  D  K  W
U  Z  E  S  N  R  K  V  P  Z  W  M
I  J  U  J  N  W  T  Z  S  G  D  K
```

SIPO   GEZA   KIYA
POMBI   TAURO   NGUVA
TAFURA   ZARURA   CHIKAFU
CHIGARO

Sipo - Soap
Geza - Bath
Kiya - to lock
Pombi - Pipe
Tauro - Towel
Nguva - Time
Tafura - Table
Zarura - Open
Chikafu - Food
Chigaro - Chair

LINGUISTIC QUEST

PUZZLE TEN

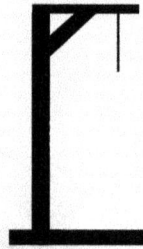

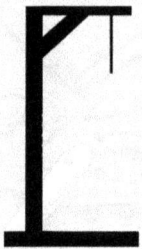

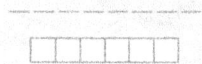

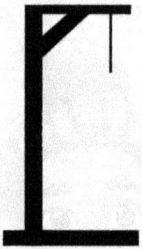

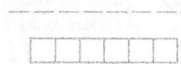

HANGMAN

Two player game, use words at the back or choose your own

PUZZLE ELEVEN

```
Y  H  B  E  N  D  E  K  E  T  E  Y  R  A
G  G  E  I  S  B  X  E  M  D  Y  V  N  W
M  W  N  Z  E  V  E  C  W  I  E  A  U  W
K  U  I  L  M  H  B  Q  A  Y  H  K  U  R
S  I  V  Z  T  U  E  J  N  C  K  K  H  P
A  X  J  I  V  D  S  W  B  W  B  Y  N  Z
U  M  P  N  R  Z  R  O  V  B  C  K  C  Z
U  U  B  O  B  I  U  H  R  F  E  D  P  P
I  F  M  J  M  U  R  O  M  O  Q  D  M  M
P  Z  O  W  H  N  I  T  G  V  I  I  X  V
O  X  I  A  I  G  M  R  N  S  Z  K  W  E
K  G  D  S  N  T  I  N  N  H  F  T  S  A
H  U  Z  X  O  J  Z  A  D  F  C  K  K  S
W  X  S  O  Z  X  F  Y  H  I  Q  L  Z  G
```

ZISO   ZINO   NZEVE
MHINO   MUVIRI   VHUDZI
MUSORO   MUROMO   RURIMI
BENDEKETE

Ziso - Eye
Zino - Tooth
Nzeve - Ear
Mhino - Noise
Muviri - Body
Vhudzi - Hair
Musoro - Head
Muromo - Mouth
Rurimi - tongue
Bendekete - shoulder

LINGUISTIC QUEST

PUZZLE TWELVE

HANGMAN

Two player game

PUZZLE THIRTEEN

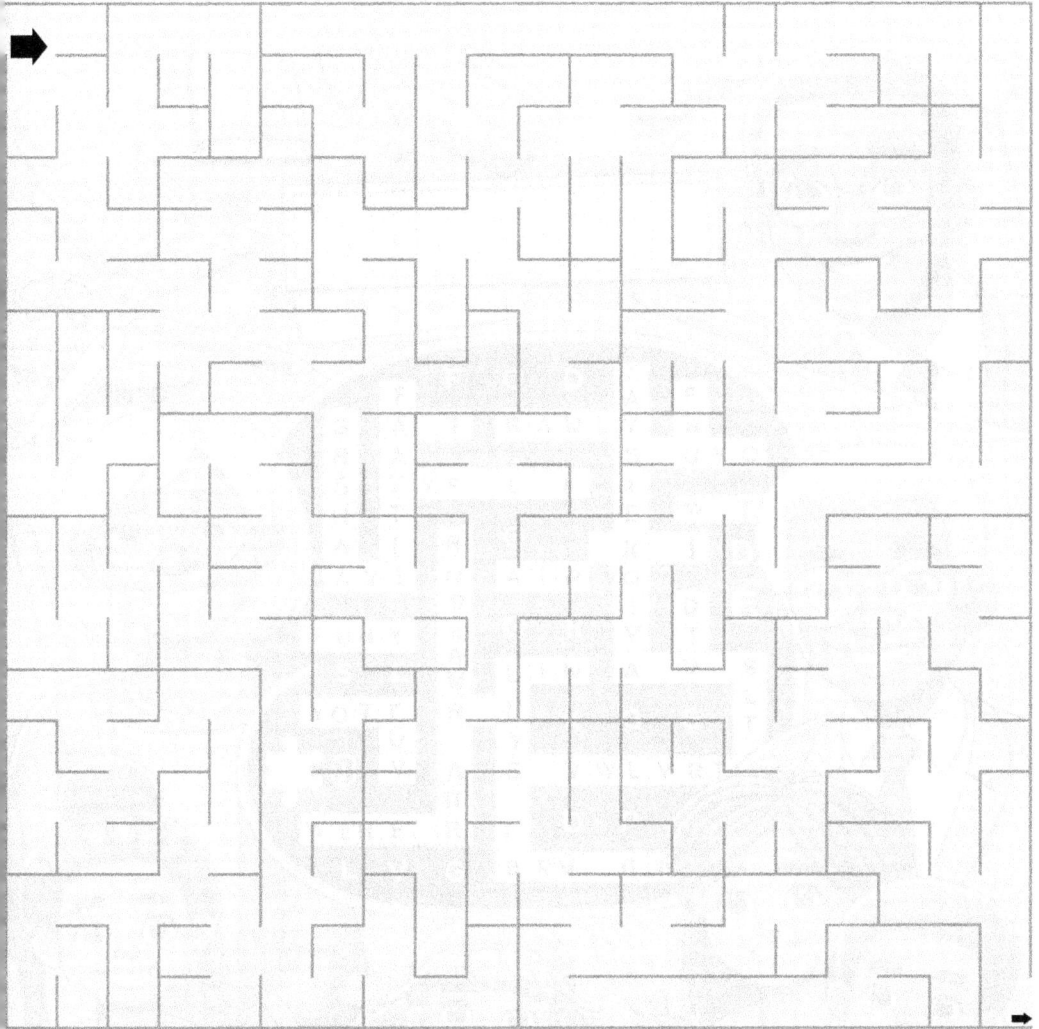

PUZZLE FOURTEEN

Clues are in English answers are in Shona

Across
1. A PLACE OF LEARNING KNOWN AS A SCHOOL
3. A PERSON THAT LEARNS FROM A TEACHER
5. THE PROCESS OF LEARNING
7. A PLANT THAT PROVIDES SHADE
10. WHAT YOU DO WHEN YOU DRINK WATER

Down
2. A PERSON WHO TEACHES
4. SOMETHING YOU READ
6. PLANTS USED FOR DECORATION
8. A TIME AFTER NOON
9. A GROUP OF RELATED PEOPLE KNOWN AS A FAMILY

PUZZLE FIFTEEN

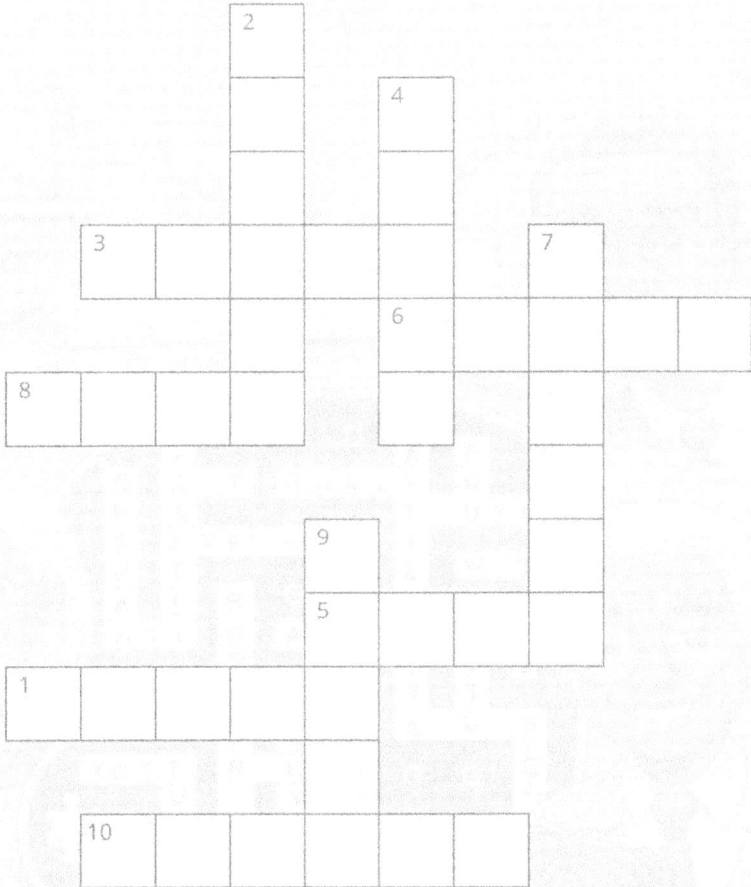

Clues are in English answers in Shona

Across
1. A HOMESTEAD WHERE FAMILIES LIVE
3. WHAT YOU SEE WHEN YOU LOOK UP
5. A BIRD THAT LAYS EGGS ON A FARM
6. A MODE OF TRANPORT IN THE AIR
8. YOUR PARENTS MOTHER
10. THE TIME AFTER THE SUN HAS SET

Down
2. GOING ON A TRIP
4. A YOUNG PERSON WHO IS NOT YET AN ADULT.
7. YOUR PARENTS FATHER
9. A MODE OF TRANSPORT KNOWN AS BUS

LINGUISTIC QUEST

PUZZLE SIXTEEN

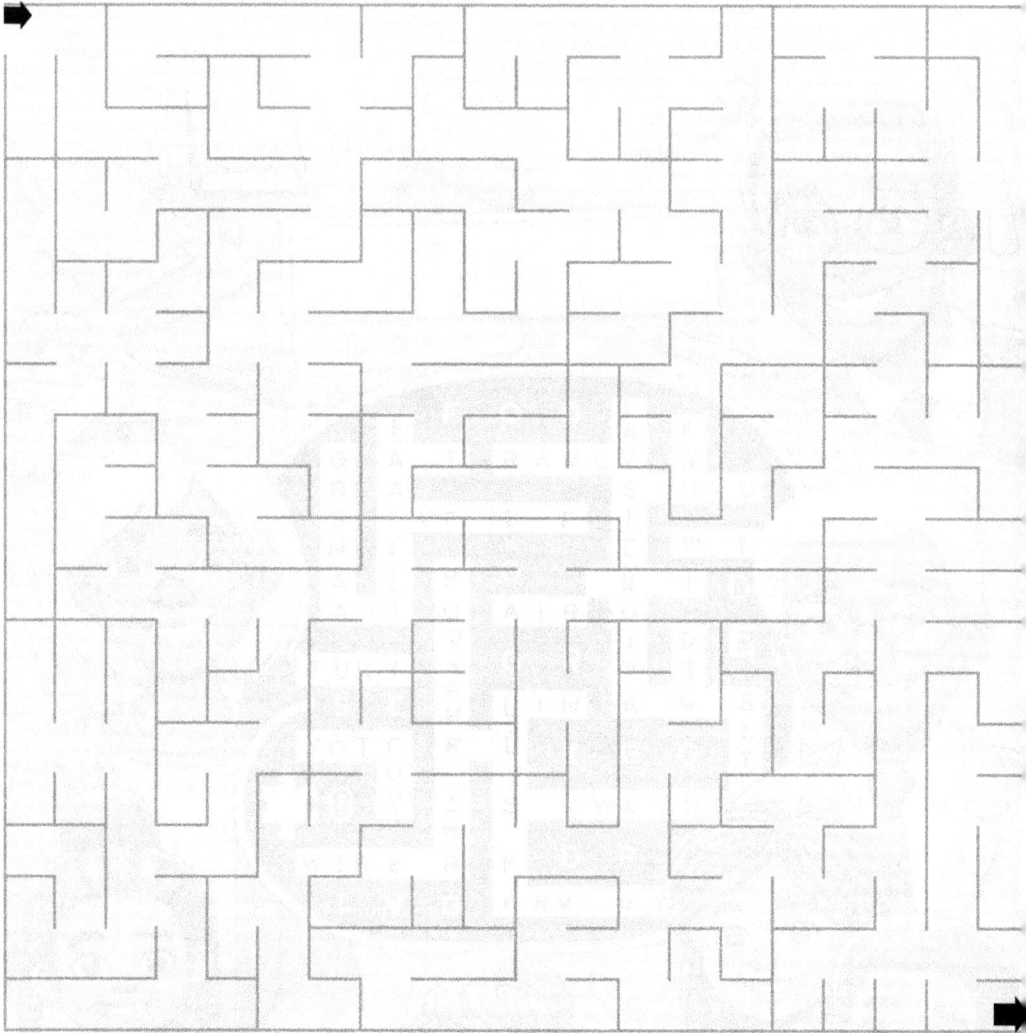

PUZZLE SEVENTEEN

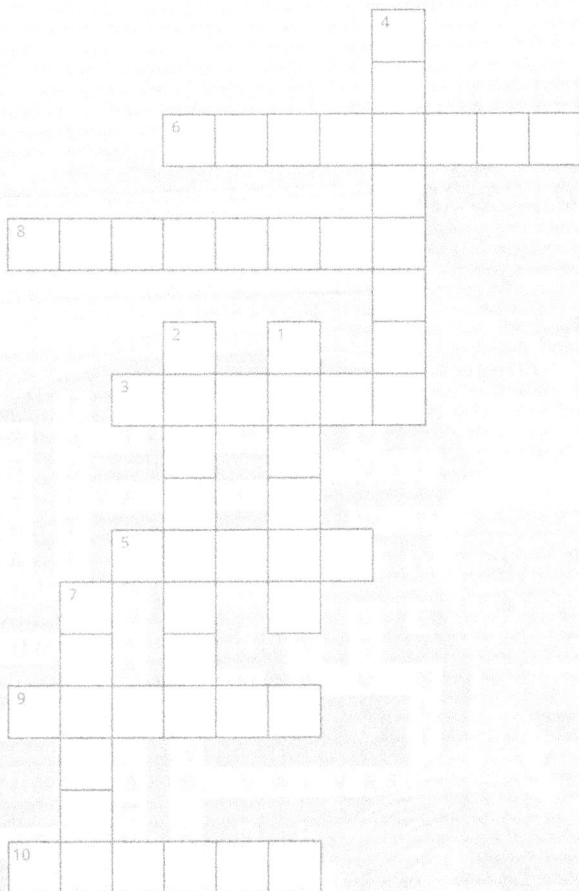

Clues are in English answers are in Shona

Across

3. A CITY NEAR THE EASTERN BORDER WITH MOZAMBIQUE
5. LOCATED IN CENTRAL ZIMBABWE, KNOWN FOR ITS MANUFACTURING
6. A CITY NEAR THE GREAT ZIMBABWE RUINS
8. A CITY FAMOUS FOR ITS CAVES
9. A CITY IN MASHONALAND WEST, KNOWN FOR COTTON
10. A TOWN BY LAKE KARIBA, KNOWN FOR FISHING

Down

1. THE CAPITAL CITY OF ZIMBABWE
2. THE SECOND-LARGEST CITY, KNOWN AS THE "CITY OF KINGS"
4. A TOWN IN SOUTHEASTERN ZIMBABWE
7. A TOWN KNOWN FOR ITS MOUNTAINS AND WATERFALLS

PUZZLE EIGHTEEN

Clues are in English Answers are in Shona

Across
1. A CITY KNOWN FOR ITS MINING INDUSTRY
3. A TOWN IN MASHONALAND WEST, KNOWN FOR TOBACCO FARMING
5. A TOWN IN MATABELELAND NORTH
8. A SMALL TOWN IN MASHONALAND CENTRAL
10. NOWN FOR ITS NATIONAL PARK AND COAL MINING

Down
2. A TOWN EAST OF HARARE, KNOWN FOR AGRICULTURE
4. KNOWN FOR ITS CITRUS FARMING
6. A BORDER TOWN WITH BOTSWANA
7. KNOWN FOR ITS NICKEL AND GOLD MINES
9. A TOWN IN MASHONALAND WEST, KNOWN FOR FARMING

LINGUISTIC
QUEST

EVERYDAY SHONA VERBS

Kuita | To do
Kuenda | To go
Kudya | To eat
Kunwa | To drink
Kumhanya | To run
Kufamba | To walk
Kurara | To sleep
Kumuka | To wake up
Kugeza | To bathe
Kupfeka | To wear
Kugadzira | To prepare
Kushanda | To work
Kudzidza | To learn
Kudzoka | To return
Kuziva | To know
Kuwana | To find
Kutsvaga | To search
Kuvaka | To build
Kugara | To stay
Kugadzira | To make
Kupfuura | To pass
Kupinda | To enter
Kubuda | To exit
Kugadzirisa | To fix
Kushandisa | To use
Kusangana | To meet
Kudzidza | To study
Kusimbisa | To strengthen
Kuwedzera | To increase
Kuderedza | To reduce
Kupedza | To finish
Kubatsira | To help
Kupfura | To shoot
Kupota | To spin
Kubata | To hold
Kukwira | To climb
Kuvhunduka | To be surprised
Kusvika | To arrive
Kugona | To be able
Kutaura | To speak
Kunzwisisa | To understand
Kukanganwa | To forget
Kurangarira | To remember
Kuda | To want
Kufunga | To think
Kuvhunduka | To be scared
Kugadzirisa | To adjust
Kutenda | To thank
Kunyora | To write
Kuverenga | To read

EVERYDAY SHONA VERBS

Kufonera...To call
Kushanyira...To visit
Kuchengeta...To keep
Kubika...To cook
Kupfupisa...To shorten
Kuwedzera...To add
Kubvisa...To remove
Kutaura...To talk
Kurova...To hit
Kushungurudza...To disturb
Kukumbira...To ask
Kutora...To take
Kupindura...To answer
Kukoka...To invite
Kupisa...To burn
Kutonhora...To freeze
Kubika...To bake
Kucheka...To cut
Kusona...To sew
Kucheka...To chop
Kugadzira...To craft
Kuwana...To get
Kuwacha...To wash
Kutengesa...To sell
Kutenga...To buy
Kumbira...To beg
Kuyambira...To warn
Kuvimba...To trust
Kutya...To fear
Kudzungaira...To wander
Kucheka...To slice
Kusungira...To tie
Kuzvara...To give birth
Kuramba...To refuse
Kusarudza...To choose
Kutamba...To play
Kufara...To be happy
Kusuwa...To be sad
Kushandira...To serve
Kukurudzira...To encourage
Kudzivirira...To protect
Kushumira...To worship
Kukumbira...To request

PUZZLE NINETEEN

```
T  X  N  H  A  A  D  N  N  W  P  V
F  L  E  X  Z  V  S  B  M  H  A  H
J  H  X  X  T  G  H  Q  A  K  C  U
F  H  G  I  N  O  A  D  D  V  X  R
A  C  Q  R  Y  T  N  O  L  D  U  A
R  T  H  B  J  E  D  H  Z  X  R  W
I  S  R  E  T  N  A  V  O  I  O  C
R  O  G  W  M  G  S  X  D  R  Y  N
A  C  H  E  K  A  I  U  G  G  A  V
R  Q  I  J  G  V  C  E  H  I  X  D
A  H  C  C  L  A  K  U  E  W  F  P
P  Q  O  L  T  C  D  L  M  K  Y  C
```

DIRA   RARA   TENDA
TENGA   CHEMA   CHEKA
VHURA   FARIRA   SHANDA
TONHORA

Dira - Pour
Rara - Sleep
Tenda - Thank
Tenga - Buy
Chema - Cry
Cheka - Cut
Vhura - Open
Farira - Enjoy
Shanda - Work
Tonhora - Cold

LINGUISTIC QUEST

PUZZLE TWENTY

```
V   J   A   V   J   A   W   P   K   V
J   N   N   S   I   S   E   H   N   S
C   B   I   E   M   A   C   Q   M   B
O   R   I   T   B   H   N   R   R   Y
W   S   E   K   A   G   Y   I   X   L
K   U   D   B   A   U   O   D   T   S
I   K   M   W   Y   J   R   Z   I   R
V   A   T   E   N   D   A   A   J   Z
T   G   V   P   D   Y   Z   V   Z   C
S   P   T   W   U   G   L   E   O   D
```

UYA	ENDA	IMBA
SEKA	BIKA	SUKA
TAURA	NYORA	TAMBA
RIDZA		

Uya - Come
Enda - Go
Imba - Sing
Seka - Laugh
Bika - Cook
Suka - Clean
Taura - Talk
Nyora - Write
Tamba - Dance
Ridza - Play
(instrument)

PUZZLE TWENTY ONE

```
F  S  W  F  P  J  C  M  B  K  I  R  H
Y  A  U  T  L  F  G  I  S  G  G  R  J
O  H  F  S  J  O  A  R  P  U  S  A  Y
B  D  A  X  O  F  R  A  M  S  Z  F  E
F  V  J  L  V  X  A  I  T  D  U  T  S
V  H  U  R  A  S  K  M  I  N  F  M  F
H  V  X  N  I  S  G  B  B  P  P  N  H
T  V  G  P  Z  M  M  J  Z  A  I  C  X
N  W  N  B  L  A  G  B  C  I  N  M  X
R  I  Z  F  T  B  A  S  Q  K  D  V  W
Q  E  F  B  E  C  X  U  S  X  U  Z  R
Q  J  G  A  D  G  A  D  Z  I  R  A  M
G  F  G  E  Z  A  D  S  I  E  A  N  H
```

GEZA   MIRA   GARA
PISA   VHURA   FAMBA
BVUNZA   GADZIRA   PINDURA
TAMBIDZA

Geza - Bath
Mira - Wait
Gara - Sit
Pisa - Hot
Vhura - Open
Famba - Walk
Bvunza - Ask
Gadzira - Make it
Pindura - Answer
Tambidza - Hand over

PUZZLE TWENTY TWO

```
K  D  E  Q  R  Q  Y  V  R  G  X  P  I  E  Q  F
T  E  Q  E  R  J  H  V  V  D  G  C  O  B  M  H
R  F  V  Z  S  T  E  N  G  E  S  A  O  X  D  Q
C  I  G  I  D  L  V  S  P  A  W  B  R  B  Z  V
C  Y  S  O  N  D  G  P  M  H  A  L  H  M  U  O
Q  H  F  I  R  A  T  I  D  Z  A  M  Z  K  R  I
Q  D  E  L  U  L  H  Z  D  Z  D  P  T  Y  C  B
I  G  B  M  J  V  R  E  Z  K  O  O  N  K  J  H
O  C  Q  X  B  L  T  E  O  E  T  K  U  T  T  G
B  L  F  C  H  E  N  U  K  V  S  M  A  Q  U  I
F  U  N  K  G  Q  R  W  E  U  U  R  C  U  B  O
F  M  D  N  Y  E  P  A  R  U  U  U  N  F  Z  F
Q  S  E  I  V  U  C  N  A  C  V  Y  A  Z  Q  P
R  Y  F  Y  X  N  X  A  E  G  P  Z  X  L  A  M
N  O  U  R  A  T  U  L  I  C  V  E  X  K  H  H
G  K  Q  F  O  L  I  A  V  X  S  N  G  O  I  U
```

WANA	NYEPA	VHIMA
DZOKA	CLUMSY	DZOKERA
RATIDZA	TENGESA	CHEMBERA
NYENGETEDZA		

Wana - Get
Nyepa - Lie
Vhima - Hunt
Dzoka - Come back
Clumsy-:D
Dzokera - Go Back
Ratidza - Show
Tengesa - Sell
Chembera - Get Old
Nyengetedza - Beg

LINGUISTIC QUEST

PUZZLE TWENTY THREE

```
K N L G Z H Y Q X L Z L O X M Y
U U C K A U Z E A B Z U A N L X
B S P U J S E V Q S P I C M Z Q
I C Z E Y G I A B K L U G R B G
K J F S D Z J A G J O K D Y Q S
A U H E U Z K U D A Z U Z A A D
H D R K R B A U N R H P S K A X
T O C A L H K P B Y T I I U B A
W Y N H N M M B E U U N B F F N
U L F L R G H C W Y D D J U N O
M P V S K Q A I O G T A Y N I Q
E S N P D S G R I L R W R F W K
V S T E W Z J U I V Z S H A C O
N C L T U X B M V R U X F F Y U
Q S T O D B W Y L R A C P J P G
F B M U U E N G U K E M K B P W
```

KUDA   KUBIKA   KUBUDA
KUZIVA   KUESEKA   KUPEDZA
KUPINDA   KUFUNFA   KURANGARIRA

Kuda - Love
Kubika - To cook
Kubuda - To get out
Kuziva - To know
Kuseka - to Laugh
Kupedza - To finish
Kupinda - To get in
Kufunga - To think
Kurangarira - To
Remember

PUZZLE TWENTY FOUR

```
I  R  U  D  O  Y  S  M  U  R  I  M  I  N
C  R  Z  S  A  D  Z  Q  I  Q  A  H  Y  U
P  H  Z  W  K  G  A  H  B  W  V  G  Z  I
Z  E  I  B  H  R  P  T  S  N  X  V  H  F
Y  T  P  P  J  R  T  K  D  S  C  M  F  L
R  K  K  A  A  O  R  E  L  B  Q  P  S  L
G  E  W  H  E  T  L  K  B  W  R  S  P  Y
D  V  X  A  K  Q  A  U  C  A  G  Y  U  E
M  F  Q  I  S  N  M  R  D  V  I  N  E  B
H  O  C  N  G  U  V  A  A  U  F  G  B  D
M  A  F  O  X  T  G  P  R  D  T  O  O  P
K  U  S  U  N  G  A  A  X  A  Z  M  S  T
Z  M  U  P  U  R  I  S  A  I  R  B  E  B
C  Z  O  R  V  G  D  O  U  L  X  A  N  F
```

PEPA   RUDO   GOMBA
NGUVA   KURAPA   MARARA
MURIMI   KUSUNGA   MUPURISA
CHIPATARA

Pepa - Paper
Rudo - Love
Gomba - Hole
Nguva - Time
Kurapa - To treat
Marara - Garbage
Murimi - Farmer
Kusunga - To tie
Mupurisa - Police officer
Chipatara - Hospital

LINGUISTIC QUEST

PUZZLE TWENTY SIX

ETDNA = _____

NETGA = _____

RNAOOTH = _____

RAAIRF = _____

MHCEA = _____

HCAKE = _____

DRAI = _____

UVRAH = _____

NDSAHA = _____

ARRA = _____

Hint: clues and answers in previous puzzles

LINGUISTIC
QUEST

PUZZLE TWENTY SEVEN

NDEA = _____   YUA = _____

TUAAR = _____   OARNY = _____

ATMAB = _____   IDARZ = _____

MABI = _____   AKSE = _____

AIKB = _____   UKAS = _____

Hint: clues and answers in previous puzzles

PUZZLE TWENTY EIGHT

ZGAE = _____   AHVUR = _____

DARIGAZ = _____   DIAUNPR = _____

NVBUZA = _____   MABAF = _____

IRAM = _____   AAGR = _____

ZTBDAAIM = _____   SAIP = _____

TAAB = _____

Hint: clues and answers in previous puzzles

PUZZLE TWENTY NINE

DKZEROA = _____   NWAA = _____

TAIAZRD = _____   EYPNA = _____

LUYSCM = _____   GNSEETA = _____

MVHIA = _____   ADZKO = _____

DNNTEGYZAEE = _____   CAHBRMEE = _____

Hint: clues and answers in previous puzzles

LINGUISTIC QUEST

PUZZLE THIRTY

KSUEEAK   = _____   IKBUKA   = _____

AZEPUDK   = _____   NUKAPID   = _____

ADUKUB   = _____   VUIKAZ   = _____

RGARANIARKU   = _____   DKAU   = _____

UAGNKUF   = _____

Hint: clues and answers in previous puzzles

LINGUISTIC
QUEST

PUZZLE THIRTY ONE

THIAPACRA = _____ AMIUSRUP = _____

APEP = _____ PAUKRA = _____

GUSNAKU = _____ GAMBO = _____

RAARMA = _____ NUVAG = _____

ODRU = _____ IMIMUR = _____

Hint: clues and answers in previous puzzles

PUZZLE THIRTY TWO

CH _ P _ T _ R _

M _ P _ R _ S _

P _ P _

K _ R _ P _

K _ S _ NG _

G _ MB _

M _ R _ R _

NG _ V _

R _ D _

M _ R _ M _

A, E, I, O, U

Hint: clues and answers in previous puzzles

PUZZLE THIRTY THREE

G _ Z _   VH _ R _

G _ DZ _ R _   P _ ND _ R _

BV _ NZ _   F _ MB _

M _ R _   G _ R _

T _ MB _ DZ _   P _ S _

A, E, I, O, U

Hint: clues and answers in previous puzzles

Solution One

```
M  I  M  U  C  H  E  C  H  E  S  L  T
F  V  L  Y  B  W  F  E  L  Z  D  I  Y
R  I  B  O  B  M  V  X  V  E  M  O  D
Z  D  I  X  M  H  K  W  S  U  E  I
F  C  U  N  U  I  U  C  I  S  F  D
O  V  A  C  R  K  D  Y  R  A  I  I  C
C  M  I  R  U  O  S  Z  W  I  V  C
Z  Z  W  Z  M  M  U  M  I  E  A  A  S
V  A  N  A  E  A  P  S  R  M  N  T  M
V  G  L  P  N  N  T  E  O  X  W  Q
E  Z  D  G  U  B  G  G  Z  U  I  W
Z  G  S  Y  S  U  H  X  S  K  O  A  Q
W  S  G  W  A  P  A  T  Y  A  Q  E
```

VANA
MURUME
MUKOMANA
MUBEREKI

MHURI
MAPATYA
MUSIKANA

MWANA
MUDZIMAI
MUCHECHE

Solution Two

GOGO	SEKURU
BABA	AMAI
MUKOMA	SISI
MWANA	MUKOMANA
MUSIKANA	HANVZADZI
MAZISO	MHINO
GUMBO	NZEVE
CHIGUNWE	MABVI
DUMBU	MAZINO
BENDEKETE	RURIMI
MVURA	ZUVA
CHIKORO	MOTO
HUSIKU	MURIWO
NDEGE	RUDO
MHEPO	SHAMWARI
MWEDZI	MARUVA
CHIBAGE	PENZURA
SANGANA	MUDZIDZI
MUDZIDZISI	MUTI
MUNDA	KUTAURA

Solution Three

```
O H D I S J X H D H D W Y O
N A N O N J L V I W K I Z F
Y N L A N R S B A U C D E E
E Z Z M M G N O F M B X F L
P V I U C Q Y I L W P T Z
Y A D G K N I G X D T T T E
T D X Q I I S Y Z H W N I
Z Z I N M G M N E X Z I L
P I A W A E O S I K S I N Z
Q S D Q E K V K W N U J N V
T X X B Q L B M G A A R Z A
P M V P C B S M U F K K U R
I H K M U K W A S H A V S A
V A F O S K N R D G J J G Q
```

TETE   GOGO   TSANO
MUKOMA   SEKURU   TEZVARA
VAMWENE   MUNININA   MUKWASHA
HANZVADZI

Solution four

						3 G
6 K				1 R		I
I				U		R
C		2 B	A	N	G	A
H	4 S			H		Z
E	5 I	M	B	A		I
N	P			R		
7 N D I R O		8 H	E	M	B	E

Across
2. YOU USE THIS TO CUT FOOD
5. A PLACE WHERE YOU LIVE
7. YOU PUT YOUR FOOD ON THIS
8. YOU WEAR THESE

Down
1. A DEVICE THAT YOU USE TO TALK TO PEOPLE FROM DISTANCE
3. SEE-THROUGH MATERIAL THAT IS USED TO MAKE THINGS LIKE WINDOWS AND CUPS
4. YOU USE THIS TO WASH YOUR HANDS
6. WHERE YOU COOK FOOD

Solution five

```
K X Q Z M L C B T J I C Y K I
N K N Y D R U P B K S U Z N Y
Q K C M U K U N D A R E Z U K
K B Z M D I J V M U U Y J F V
R N S I S I J A G U K R X F U
P O J L D O H I R B L J M R O
J H B Z I R A U T H O H I F I
D D F O Z   K U W U A O D N O
Y S A D D   A C T D E R V V Z
F K I D M Z Q I P H I Y B W N
V F O A P U X P N I W Z U W Z
T E B X E K G S O I C C W H H
B B A B A M U D I K I N S P C
B J Z D D R G Y W E J I Q Y G
R H G G M   R O O R A O J W Q
```

HAMA
MAININI
MUKUNDA
BABAMUKURU

SISI
MAIGURU
MUZUKURU

BHUDHI
MUROORA
BABAMUDIKI

Solution Six

```
S  X  C  X  I  R  D  T  Y  N  W  I  R
K  G  H  H  W  V  V  Z  T  M  Z  M  G
P  K  I  Q  R  H  D  G  M  I  S  B  F
F  Q  T  A  Y  D  W  M  U  S  H  P  D
Y  Z  O  D  C  I  I  M  B  U  Z  I  M
F  V  F  W  H  W  Z  G  H  F  N  E  G
B  R  U  C  K  I  U  E  E  R  R  S  V
T  F  T  Z  F  N  V  S  D  A  E  G  W
C  Z  D  V  I  D  P  A  O  O  I  W  L
O  E  K  C  N  O  B  N  A  Z  S  Q  Y
G  T  Z  F  F  O  O  K  O  V  A  G  S
K  P  D  X  U  R  Z  H  E  I  A  I  A
O  N  E  K  W  D  L  Z  Z  C  H  K  S
```

IMBA
KUMBA
RUNHARE
MUBHEDHA

HOZI
MUKOVA
CHITOFU

MUSHA
HWINDO
CHIMBUZI

Solution Seven

```
G U R X R Y Y G J H W L F O O P Y
Y W H B T Q I V A T E Y J J W O Q
A H H Z O G L Q T F F J S V W T T
Y D K G U K J G S H T A L F W A G
U U F D U L Z J W E Z A U J J G Y
Z C J H S C E R A M A M Z W X W K
G M E V L M I C N B U S O Q P M V
I U B Q M H S D D E B X X E W P A
K G L K H I R I N G U V A C
Y O T I W H H U K P I E N O M K B
S M M K J O I X C I B S R G K C O
B B U J L A P J M C I B E A G M
K O I Z D J Y N W D H X C P S Z
J Z C P L F U G I M Y E C N S O
O H L S L U D E Q F U K R N S M
T H F Z Q H F U Z O I S L J F P
P Y B O N B Y R Z Z S H T D T M W
```

NDIRO   BANGA   HEMBE
MUGOMO   CHIPUNU   KOMICHI
TSWANDA   KICHENI   GUMBEZE
CHIRANGAZUVA

Solution Eight

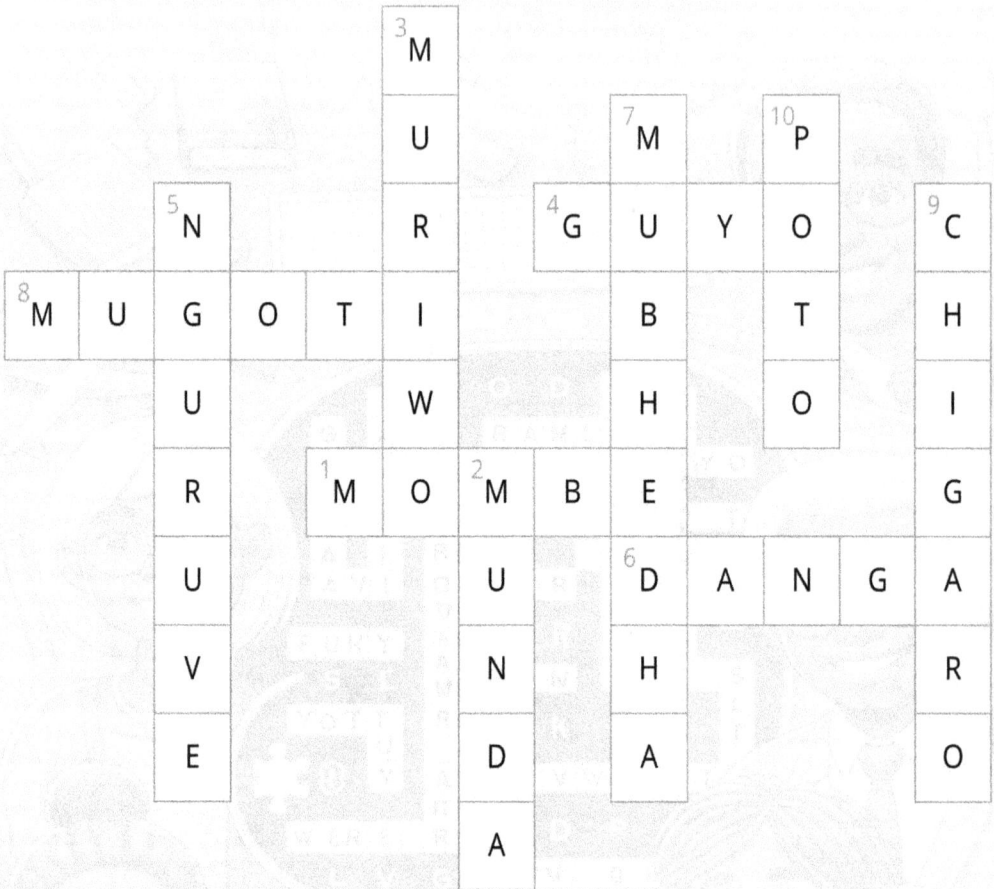

Crossword grid:

- 3 Down: M U R I W (MURIWI... reading down from 3)
- 8 Across: M U G O T I
- 5 Down: N G U R U V E
- 4 Across: G U Y O
- 7 Down: M U B H E
- 10 Down: P O T O
- 9 Down: C H I G A R O
- 1 Across: M O M B E
- 2 Down: M U N D A
- 6 Across: D A N G A
- 6 Down: D H A

Across
1. AN ANIMAL THAT GIVES US MILK
4. A TRADITIONAL TOOL USED TO GRIND GRAIN
6. AN ENCLOSURE FOR KEEPING LIVESTOCK
8. A UTENSIL USED TO STIR FOOD WHILE COOKING

Down
2. A PLACE WHERE CROPS ARE GROWN
3. PLANTS WE EAT AS VEGETABLES
5. AN ANIMAL THAT PROVIDES PORK
7. A PIECE OF FURNITURE FOR SLEEPING
9. A PIECE OF FURNITURE USED FOR SITTING
10. A CONTAINER USED FOR COOKING FOOD

Solution Nine

```
N  C  C  C  W  N  P  O  M  B  I  C
G  T  H  H  T  G  O  E  Q  B  T  B
Q  E  X  X  A  U  M  A  O  T  O  W
B  U  Z  K  G  V  Q  J  B  O  U  L
K  I  Y  Y  U  Y  A  R  T  K  X
D  S  K  F  Z  A  A  R  A  K  H
Z  H  V  U  D  U  A  Y  U  O  N
G  W  B  Y  F  T  P  A  S  B  U  K
I  N  M  A  P  I  E  F  A  M  X  S
V  A  T  P  S  S  A  Y  I  D  K  W
U  Z  E  S  N  R  K  V  P  Z  W  M
I  J  U  J  N  W  T  Z  S  G  D  K
```

SIPO	GEZA	KIYA
POMBI	TAURO	NGUVA
TAFURA	ZARURA	CHIKAFU
CHIGARO		

Solution Ten

ZIMBABWE, ZAMBIA, SOUTH AFRICA, BOTSWANA, MOZAMBIQUE, LESOTHO, SWAZILAND, MALAWI, NAMIBIA, TANZANIA

Solution Eleven

```
Y  H  B  E  N  D  E  K  E  T  E  Y  R  A
G  G  E  I  S  B  X  E  M  D  Y  V  N  W
M  W  N  Z  E  F  C  W  I  E  A  U  W
K  U  I  L  M  H  B  Q  A  Y  H  K  U  R
S  I  V  Z  T  E  J  N  C  K  K  H  P
A  X  J  V  D  S  W  B  W  B  Y  N  Z
U  M  P  N  R  Z  R  O  V  B  C  K  C  Z
U  U  B  O  B  U  H  R  F  E  D  P  P
I  F  M  J  U  R  O  M  O  Q  D  M  M
P  Z  O  W  H  N  I  T  G  V  I  I  X  V
O  X  I  A  I  G  M  R  N  S  Z  K  W  E
K  G  D  S  N  T  I  N  N  H  F  T  S  A
H  U  Z  X  J  Z  A  D  F  C  K  K  S
W  X  S  O  Z  X  F  Y  H  I  Q  L  Z  G
```

ZISO
MHINO
MUSORO
BENDEKETE

ZINO
MUVIRI
MUROMO

NZEVE
VHUDZI
RURIMI

Solution Twelve

LAKE KARIBA,
VICTORIA FALLS,
GREAT ZIMBABWE,
CHINHOYI CAVES,
KHAMI RUINS,
NATIONAL PARKS,
MATOBO HILLS,
HEROES ACRE,
MOUNT
NYANGANI,
GONAREZHOU

Solution Thirteen

Solution Fourteen

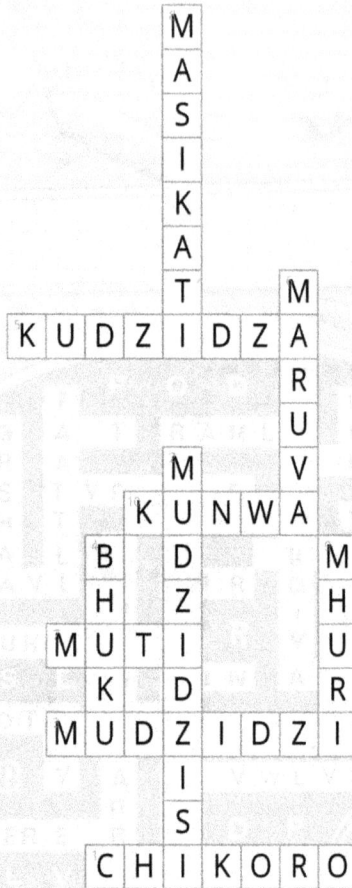

```
                    M
                    A
                    S
                    I
                    K
                    A
                    T        M
        K U D Z I D Z A      A
                             R
                             U
                    M        V
                  K U N W A  A
              B   D          M
              H   Z          H
          M U T I            U
              K   D          R
          M U D Z I D Z I
                  I
                  S
              C H I K O R O
```

Across
1. A PLACE OF LEARNING KNOWN AS A SCHOOL
3. A PERSON THAT LEARNS FROM A TEACHER
5. THE PROCESS OF LEARNING
7. A PLANT THAT PROVIDES SHADE
10. WHAT YOU DO WHEN YOU DRINK WATER

Down
2. A PERSON WHO TEACHES
4. SOMETHING YOU READ
6. PLANTS USED FOR DECORATION
8. A TIME AFTER NOON
9. A GROUP OF RELATED PEOPLE KNOWN AS A FAMILY

Solution fifteen

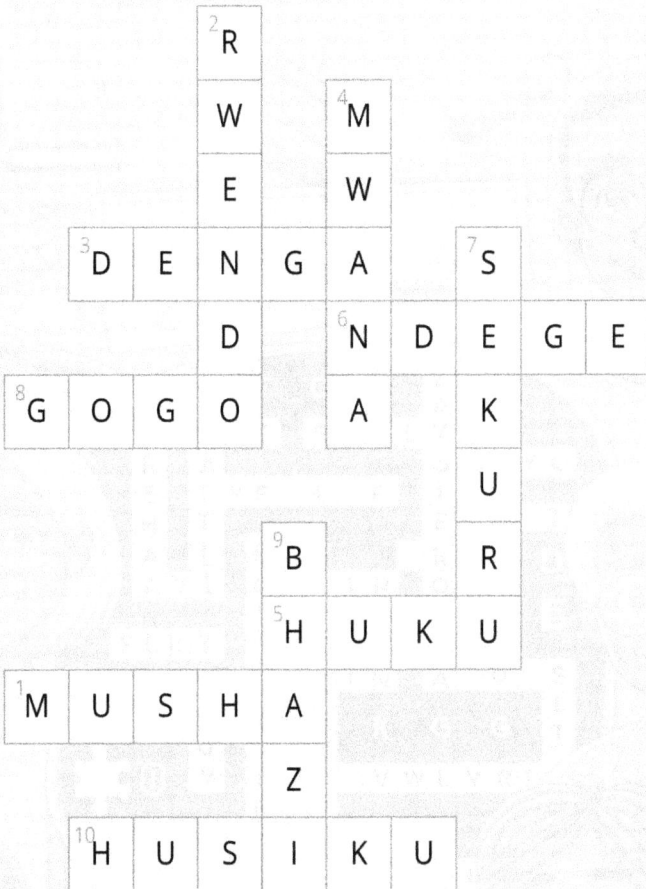

```
              ²R
               W        ⁴M
               E         W
      ³D  E  N  G   A        ⁷S
               D        ⁶N  D  E  G  E
   ⁸G  O  G  O           A           K
                                     U
                    ⁹B               R
                    ⁵H  U  K  U
   ¹M  U  S  H  A
                    Z
   ¹⁰H  U  S  I  K  U
```

Across
1. A HOMESTEAD WHERE FAMILIES LIVE
3. WHAT YOU SEE WHEN YOU LOOK UP
5. A BIRD THAT LAYS EGGS ON A FARM
6. A MODE OF TRANPORT IN THE AIR
8. YOUR PARENTS MOTHER
10. THE TIME AFTER THE SUN HAS SET

Down
2. GOING ON A TRIP
4. A YOUNG PERSON WHO IS NOT YET AN ADULT.
7. YOUR PARENTS FATHER
9. A MODE OF TRANSPORT KNOWN AS BUS

Solution Sixteen

Solution Seventeen

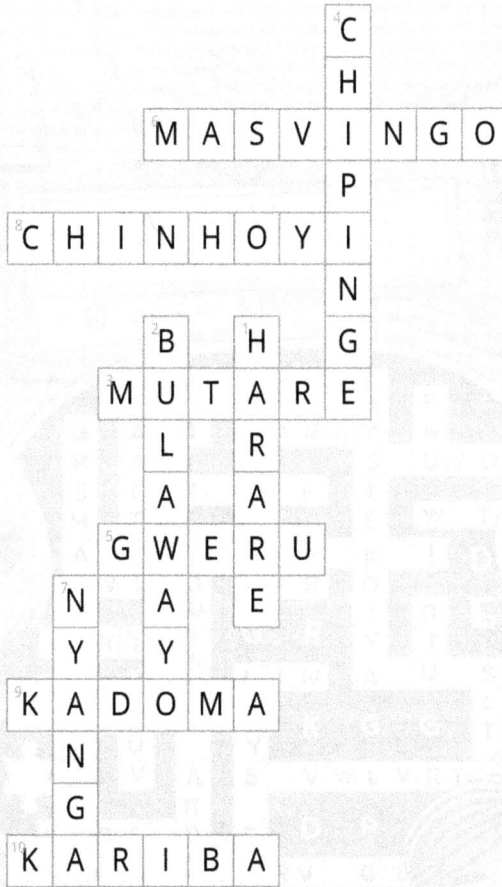

```
                        C
                        H
        M A S V I N G O
                        P
    C H I N H O Y I
                        I
                        N
            B   H       G
        M U T A R E
            L   R
            A   A
        G W E R U
        N   A   E
        Y   Y
    K A D O M A
        N
        G
    K A R I B A
```

Across
3. A CITY NEAR THE EASTERN BORDER WITH MOZAMBIQUE
5. LOCATED IN CENTRAL ZIMBABWE, KNOWN FOR ITS MANUFACTURING
6. A CITY NEAR THE GREAT ZIMBABWE RUINS
8. A CITY FAMOUS FOR ITS CAVES
9. A CITY IN MASHONALAND WEST, KNOWN FOR COTTON
10. A TOWN BY LAKE KARIBA, KNOWN FOR FISHING

Down
1. THE CAPITAL CITY OF ZIMBABWE
2. THE SECOND-LARGEST CITY, KNOWN AS THE "CITY OF KINGS"
4. A TOWN IN SOUTHEASTERN ZIMBABWE
7. A TOWN KNOWN FOR ITS MOUNTAINS AND WATERFALLS

Solution Eighteen

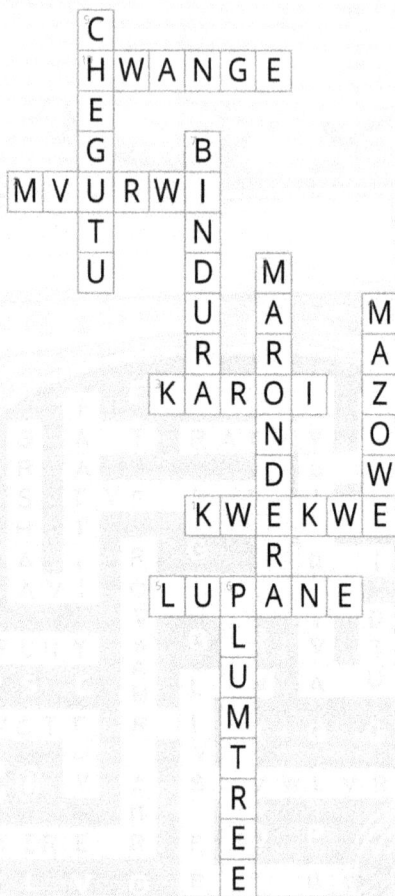

```
        C
        H W A N G E
        E
        G       B
  M V U R W I
        T       I
        U       N
                D       M
                U       A           M
                R       R           A
        K A R O I           Z
                        N           O
                        D           W
                K W E K W E
                        R
        L U P A N E
                        L
                        U
                        M
                        T
                        R
                        E
                        E
```

Across
1. A CITY KNOWN FOR ITS MINING INDUSTRY
3. A TOWN IN MASHONALAND WEST, KNOWN FOR TOBACCO FARMING
5. A TOWN IN MATABELELAND NORTH
8. A SMALL TOWN IN MASHONALAND CENTRAL
10. NOWN FOR ITS NATIONAL PARK AND COAL MINING

Down
2. A TOWN EAST OF HARARE, KNOWN FOR AGRICULTURE
4. KNOWN FOR ITS CITRUS FARMING
6. A BORDER TOWN WITH BOTSWANA
7. KNOWN FOR ITS NICKEL AND GOLD MINES
9. A TOWN IN MASHONALAND WEST, KNOWN FOR FARMING

Solution Nineteen

```
T  X  N  H  A  A  D  N  N  W  P  V
F  L  E  X  Z  V  S  B  M  H  A  H
J  H  X  X  T  G  H  Q  A  K  C  U
F  H  G  I  N  O  A  D  D  V  X  R
A  C  Q  R  Y  T  O  L  D  U  U
R  T  H  B  J  D  H  Z  X  R  W
I  S  R  E  T  N  A  V  O  I  O  C
O  G  W  M  G  S  X  D  R  Y  N
C  H  E  K  I  U  G  G  A  V
R  Q  I  J  G  V  C  E  H  I  X  D
A  H  C  C  L  A  K  U  E  W  F  P
P  Q  O  L  T  C  D  L  M  K  Y  C
```

DIRA	RARA	TENDA
TENGA	CHEMA	CHEKA
VHURA	FARIRA	SHANDA
TONHORA		

Solution Twenty

```
V  J  A  V  J  A  W  P  K  V
J  N  N  S  I  S  E  H  N  S
C  B  I  E  M  A  C  Q  M  B
O  R  I  T  B  H  N  R  R  Y
W  E  E  G  Y  I  X  L
K  U  D  B  A  U  O  D  T  S
I  K  M  W  Y  J  Z  I  R
V  T  E  N  O  J  Z
T  G  V  P  D  Y  Z  V  Z  C
S  P  T  W  U  G  L  E  O  D
```

UYA	ENDA	IMBA
SEKA	BIKA	SUKA
TAURA	NYORA	TAMBA
RIDZA		

```
F  S  W  F  P  J  C  M  B  K  I  R  H
Y  A  U  T  L  F  G  I  S  G  G  R  J
O  H  F  S  J  O  A  R  P  U  S  A  Y
B  D  A  X  O  F  R  A  M  S  Z  F  E
F  V  J  L  V  X  I  T  D  U  T  S
V  H  D  R  A  S  K  M  I  N  F  M  F
H  V  X  N  I  S  G  B  B  P  P  N  H
T  V  G  P  Z  M  M  J  Z  A  I  C  X
N  W  N  B  L  G  B  C  I  N  M  X
R  I  Z  F  T  B  A  S  Q  K  D  V  W
Q  E  F  B  E  C  X  U  S  X  U  Z  R
Q  J  G  A  D  G  A  D  Z  I  A  M
G  F  G  E  Z  A  D  S  I  E  A  N  H
```

GEZA	MIRA	GARA
PISA	VHURA	FAMBA
BVUNZA	GADZIRA	PINDURA
TAMBIDZA		

Solution Twenty two

```
K D E Q R Q Y V R G X P I E Q F
T E Q E R J H V V D G C O B M H
R F V Z S T E N G E S A O X D Q
C I G I D L V S P A W B R B Z V
C Y S O N D G P M H A L H M U O
Q H F I R A T I D Z A M Z K R I
Q D E L U L H Z D Z D P T Y C B
I G B M J V R E Z K O O N K J H
O C Q X B L T E O E T K U T T G
B L F C H N U K V S M A Q U I
F U N K G Q R M E U U R C U B O
F M D Y E P R U U U N F Z F
Q S E I V U C N A C V Y A Z Q P
R F Y X N X A E G P Z X L A M
N O U R A T U L I C V E X K H H
G K Q F O L I A V X S N G O I U
```

WANA   NYEPA   VHIMA
DZOKA   CLUMSY   DZOKERA
RATIDZA   TENGESA   CHEMBERA
NYENGETEDZA

Solution Twenty Three

N	L	G	Z	H	Y	Q	X	L	Z	L	O	X	M	Y
U	C	K	A	U	Z	E	A	B	Z	U	A	N	L	X
B	S	P	U	J	S	E	V	Q	S	P	I	C	M	Z	Q
I	C	Z	Y	G	I	A	B	K	L	U	G	R	B	G
J	F	S	D	Z	J	A	G	J	O	K	D	Y	Q	S
A	U	H	E	U	Z	U	D	A	Z	U	Z	A	A	D
H	D	R	R	B	A	U	N	R	H	P	S	K	A	X
T	O	C	L	H	K	P	B	Y	T	I	I	U	B	A
W	Y	N	H	N	M	M	B	E	U	U	N	B	F	N
U	L	F	L	R	G	H	C	W	Y	D	D	J	U	N	O
M	P	V	S	K	Q	A	I	O	G	T	Y	N	I	Q
E	S	N	P	D	S	G	R	I	L	R	W	R	F	W	K
V	S	T	E	W	Z	J	U	I	V	Z	S	H	A	C	O
N	C	L	T	U	X	B	M	V	R	U	X	F	F	Y	U
Q	S	T	O	D	B	W	Y	L	R	A	C	P	J	P	G
F	B	M	U	U	E	N	G	U	K	E	M	K	B	P	W

KUDA   KUBIKA   KUBUDA
KUZIVA   KUESEKA   KUPEDZA
KUPINDA   KUFUNFA   KURANGARIRA

Solution Twenty four

```
I  R  U  D  O  Y  S  M  U  R  I  M  I  N
C  R  Z  S  A  D  Z  Q  I  Q  A  H  Y  U
P  H  Z  W  K  G  A  H  B  W  V  G  Z  I
Z  E  I  B  H  R  P  T  S  N  X  V  H  F
Y  T  P  P  J  R  T  K  D  S  C  M  F  L
R  K  K  A  A  O  R  E  L  B  Q  P  S  L
G  E  W  H  E  T  L  K  B  W  R  S  P  Y
D  V  X  A  K  Q  A  U  C  A  G  Y  U  E
M  F  Q  I  S  N  M  D  V  I  N  E  B
H  O  C  N  G  U  V  A  U  F  G  B  D
M  A  F  O  X  T  G  P  R  D  T  O  O  P
K  U  S  U  N  G  A  A  X  A  Z  M  S  T
Z  M  U  P  U  R  I  S  A  I  B  E  B
C  Z  O  R  V  G  D  O  U  L  X  N  F
```

PEPA	RUDO	GOMBA
NGUVA	KURAPA	MARARA
MURIMI	KUSUNGA	MUPURISA
CHIPATARA		

Solution Twenty five

ETDNA	TENDA	NETGA	TENGA
RNAOOTH	TONHORA	RAAIRF	FARIRA
MHCEA	CHEMA	HCAKE	CHEKA
DRAI	DIRA	UVRAH	VHURA
NDSAHA	SHANDA	ARRA	RARA

Solution Twenty six

NDEA   ENDA   YUA   UYA

TUAAR   TAURA   OARNY   NYORA

ATMAB   TAMBA   IDARZ   RIDZA

MABI   IMBA   AKSE   SEKA

AIKB   BIKA   UKAS   SUKA

Solution Twenty seven

ZGAE   GEZA   AHVUR   VHURA

DARIGAZ   GADZIRA   DIAUNPR   PINDURA

NVBUZA   BVUNZA   MABAF   FAMBA

IRAM   MIRA   AAGR   GARA

ZTBDAAIM   TAMBIDZA   SAIP   PISA

TAAB   BATA

Solution Twenty Eight

DKZEROA	DZOKERA	NWAA	WANA
TAIAZRD	RATIDZA	EYPNA	NYEPA
LUYSCM	CLUMSY	GNSEETA	TENGESA
MVHIA	VHIMA	ADZKO	DZOKA
DNNTEGYZAEE	NYENGETEDZA	CAHBRMEE	CHEMBERA

Solution Twenty nine

KSUEEAK KUESEKA IKBUKA KUBIKA

AZEPUDK KUPEDZA NUKAPID KUPINDA

ADUKUB KUBUDA VUIKAZ KUZIVA

RGARANIARKU KURANGARIRA DKAU KUDA

UAGNKUF KUFUNGA

Solution Thirty

THIAPACRA   CHIPATARA   AMIUSRUP   MUPURISA

APEP   PEPA   PAUKRA   KURAPA

GUSNAKU   KUSUNGA   GAMBO   GOMBA

RAARMA   MARARA   NUVAG   NGUVA

ODRU   RUDO   IMIMUR   MURIMI

Solution Thirty one

CHIPATARA   MUPURISA

PEPA   KURAPA

KUSUNGA   GOMBA

MARARA   NGUVA

RUDO   MURIMI

Solution Thirty two

GEZA

VHURA

GADZIRA

PINDURA

BVUNZA

FAMBA

MIRA

GARA

TAMBIDZA

PISA

Facts about zimbabwe

Where It Is: Zimbabwe is a country in Africa.

Big Cities: The capital city is Harare, which is also the biggest city.

Population: About 16 million people live in Zimbabwe.

Languages: People in Zimbabwe speak many languages, including Shona, Ndebele, and English.

Money: The money used in Zimbabwe is called the ZIG.

Independence Day: Zimbabwe celebrates its independence from the United Kingdom on April 18 every year.

Famous Waterfall: Victoria Falls, one of the biggest and most famous waterfalls in the world, is in Zimbabwe.

Wild Animals: Zimbabwe has lots of amazing wildlife, including elephants, lions, and giraffes.

Weather: Zimbabwe has warm weather with a rainy season from November to March and a dry season from April to October.

Natural Beauty: Zimbabwe is known for its beautiful landscapes, including mountains, rivers, and national parks.

Food: Popular foods in Zimbabwe include sadza (a type of cornmeal porridge), vegetables, and meat.

Sports: Soccer (football) is the most popular sport in Zimbabwe.

Flag: The flag of Zimbabwe has seven colors: green, gold, red, black, white, and a Zimbabwe Bird symbol.

languages in zimbabwe

SHONA

NDEBELE

ENGLISH

CHEWA

CHIBARWE

KALANGA

KOISAN

NAMBYA

NDAU

SHANGANI

SOTHO

TONGA

TSWANA

VENDA

XHOSA
SIGN LANGUAGE